깊이 들여다보다가

심지시선 009

깊이 들여다보다가

2010년 1월 22일 초판 1쇄 발행

지은이 홍순갑
펴낸이 윤영진
편 집 함순례
디자인 함광일 이경훈
홍 보 한천규
펴낸곳 도서출판 심지
등록 제 2005-5호
주소 300 -170 대전광역시 동구 삼성동 125-2 4층
전화 042 635 9942
팩스 042 635 9941
전자우편 simji42@hanmail.net

ISBN 978-89-91109-80-3 03810

깊이 들여다보다가

홍순갑 시집

□ 시인의 말

세상 속 진실한 말들을 찾아 돌아오겠다는 약속을 지키지 못했습니다.

남은 삶은 더 깊은 눈으로 세상을 더듬어가겠습니다.

2010년 1월

홍순갑

차례

제2부

제3부

제4부

제5부

제1부

몸 사원 · 1

— 오동꽃

내 몸 속 사원에 오동나무 홀로 꽃을 피웠다

섣달 추위는 거울처럼 맑은데
오동꽃 속으로 만개한 보름달이 들어와 꽃 지는 밤이면 까막새 울듯 하나씩 진다

나 이제, 떨어져 파르랗게 떨고 있는 저 가야금 소리를 무엇으로 들을 수 있겠는가

몸 사원 · 2

— 승천昇天

적막이 내려앉은 몸 사원, 가야금 열두 줄 위를 걸어 오동나무 텅 빈 그늘 속으로 들어갔다

별들 하늘에 맞닿아 오동꽃처럼 영글고 잠들지 못하는 하루의 꿈은 꽁꽁 얼어 춥다

매서운 섣달, 그믐 앞둔 하현달만 중천에 구름 가듯 갸웃갸웃 흘러가다 오동나무 가지에 찔려 오랫동안 떨었다

날 밝자 오동나무 나 몰라라 시침 떼고 서 있다

저것이 언제 달빛 쏟아지는 소리가 되어 하늘로 가나

몸 사원 · 3
— 낡은 스웨터

생이 하릴없이 저물어가는 삼월 끝자락

소매와 팔꿈치가 날긋해진 스웨터를 입고 산수유꽃 지는 모습 바라보면 창문이 흐렸다

아무도 없는 것 같은 적막이 아우성치고 비린 바다의 꿈이 해풍에 묻어오기도 한다

구멍 숭숭 뚫린 고대의 숲 속에서는 미라처럼 밤마다 산새가 울었다

어떤 때는 거기서 낡은 스웨터를 집어 뜯는 가야금 소리가 들려오기도 한다

꽃잎 진 몸 사원이 오소소 떨고 있다

몸 사원 · 4
— 봄비

때 맞춰 종일토록 비가 내렸다
잎새들 반짝반짝 눈 뜨고 붉은 꽃봉오리에 물방울 맺혔다가
떨어진다
잊어버린 이름들도 함께 눈 떠 방울방울 지고 있다
아득한 것은 옛날이 아니라
때도 없이 불쑥불쑥 깨어나 오동꽃을 피워내는
소멸을 모르는 기억의 유령들이다
나뭇가지를 붙잡고 함께 휘청거리는 산새 발가락처럼
애착의 끈을 놓지 못하는 생명의 비감,
만개한 산벚나무 밑에서 내 삶도 휘청거리고 있다
적막한 몸 사원이 뚝 뚝 지고 있다

몸 사원 · 5
— 상심

따듯한 봄날, 햇빛에 나앉아 미나리 새순을 뜯었다

이순이 머지않은 내 손가락에
순한 비명을 지르며 뚝뚝 꺾어지는 어린미나리, 손에서는 금세 초록물이 배어났다
옹달샘에 찰랑거리는 연초록 에로스

어릴 때 사랑했던 소녀를 닮아 마음이 애틋한 것이다

몸 사원 · 6
– 빛나는 오동꽃

해가 설핏할 무렵 오동나무 아래 서 있다가 오동꽃 지는 소리 혼자 들었다

호리병 닮은 꽃잎 질 때 풀섶에서 새가 날아오르듯 젖먹이의 잠이듯 낮은 숨소리가 들렸다

그 혼곤한 무게를 잴 수는 없었다

하늘에는 아직도 숫한 호리병이 매달려 돛배처럼 바람을 맞아들였다

현絃을 당겨 잔뜩 부풀은 보라, 보라

나어린 생의 중심이 허공에서 느릿느릿 빛나고 있다

몸 사원 · 7

— 단풍

첫새벽 붉은 음계音階를 밟으며

생각 한 잎 안개 자욱한 바다를 헤엄쳐요

슬픔 이기려 낮은 음音으로 떠가요

숨소리는 들리지 않고 안개 자욱하니까 마음까지 자욱거려요

귀 익은 발자국 소리

멈칫멈칫 흔들거리는 첫 입술 향기

멀리서 소리 없이 깊고 붉고 은밀한

몸 사원 · 8
— 나비

눈발 흩날리는 풍경 속에서 늙은 스님이

범종을 치신다

붉은 가사 장삼 소매가 활짝 펼쳤다 접힐 때마다

범종은 느리고 길게 울었다

나비 한 마리

뼛속까지 스며드는 간절한 생의 물음을 허공에 슬어놓고

어둠 속을 깊이깊이 울고 있다

몸 사원 · 9
— 감나무

사다리 놓고 감나무에 올라갔습니다

훨씬 가까워진 하늘이 가지 끝에 걸려 있습니다

하늘 끝 홍시를 따려다 어머니를 보았습니다

바람 불 때 오동나무 현絃이 길게 한번 울었습니다

몸 사원 · 10

— 탁발托鉢

오! 맨발의 긴 행렬

피안의 신전 찾아 인가人家로 떠가는

아침빛의 남루여

나는 쳐다보고 스님들 말없이 건네

겨우겨우 탁발한 햇살 한줌

바리때에 넘치네

* 아침 일찍 미얀마 인레호수에서 헤호공항으로 가는 도중 스님들의 탁발행렬을 만났다. 햇빛을 등진 채 바리때를 가슴에 끌어안고 걷고 있었다. 그게 내게는 감동이었다.

몸 사원 · 11

— 누란累卵

선달, 누가 철 늦은 사랑을 하나

헌 집 하나 지을 틈도 없이

허공을 산란産卵하는 작은 새여!

너무 늦은 때문에 가여운 빛의 형벌

느리게 빛나고야 마는 석양의 절박한 산란散亂

어두운 그림자가 휘청휘청—,

골목 안으로 지고 있다

몸 사원 · 12

— 이순耳順

지금은 겨울, 요 며칠 몹시 추웠다

내게 봄이 있었던가, 있었다 한들 알기도 전에 가버렸고 지금은 몸보다 먼저 마음이 추운 겨울

오고 보니 금방인데 참 먼 길 왔다 길을 제대로 익히지 못하고 대강대강 왔으니 기억나는 풍경이란 쓸쓸했다는 것

이순이 무엇이던가, 눈앞이 침침해서 잔뜩 힘줘 보지만 사물은 여전히 흐리다

이순이란 흐리게 본다는 것, 선명함보다 더 선명하게 흐리다는 것, 흐리다고 말하는 것이야 말로 선명하다는 것

여행을 떠나려는 듯 짐을 꾸린다 속옷, 내복, 양말…을 넣는다 어디 가느냐 물음에 여행이나 떠나볼려구

풀었던 가방을 꺼내 다시 짐을 꾸린다 언제 오느냐 물음에 천년 후라고 말한다 그때 내가 다시 올 수 있을까 귀조차 어두워져

선문답이다.

제2부

굼벵이, 신전에 들다

쉬다 놀다 게으름 부리며 돌밭에 무성히 자란 풀을 뽑는다

온통 쑥밭이다

쑥쑥! 쑥은 입 모아 소리치며 자란다

날 선 곡괭이 쑥 뿌리를 내려치자 핏줄처럼 엉킨 아랫도리가 허옇게 드러난다

굼벵이도 한 마리 나왔다 거기가 굼벵이의 오래된 신전이었나 보다

선잠 깨어 투정하듯 꿈틀거리며 빛나는 지상의 날을 꿈꾸던 수 삼 년 세월이 이렇게 끝나는가, 억장이 무너졌을 게다

굼벵이를 땅 속에 넣고 조심해 흙을 덮었다

머지않아 흙을 뚫고 나와 날개 퍼덕여 투명한 목소리로 노래할 수 있도록 저 득음得音의 지하신전에 정중하게 모셨다

쑥도 거기서 혼자 소리를 익혔을 것이다

굼벵이 또한 어둠 속에 홀로 참선하며 술항아리 익어가듯 제 사랑을 가슴속에 오래오래 묵혔다가 때 되면 쑥처럼 쑥쑥! 뽑아 올릴 것이다

한 소식 하였는지 굼벵이, 신전에 들어 고요하다

개미 헌사

개미는 절망을 모르는 전사戰士다

짐승 같다

포클레인 닮은 집게로 무엇이든 찢어 제 몸보다 큰 덩어리도 가뿐 들고는 양양하게 집으로 간다

그의 집은 캄캄한 땅 속이다

어둠 속에서도 바쁘게 몸뚱이 움직여 하루 벌어 하루 먹는, 그날그날의 끼니를 위해 분주하다

쉬지도 않는다

그가 더듬어가는 세상은 빛이 아니다

죽자사자 애타게 세상을 더듬는 것은 오직 누대累代의

가계를 위해서다

가끔은 가슴속에 번지는 뻐꾹새 캄캄한 울음소리도 더듬어 어린 새끼에게 먹인다

그가 더듬어가는 세상은 언제나 오늘이다

오늘, 개미에게 절망은 없다

만행萬行

밤안거 마친 개미 한 마리 햇별 마른 밭자락을

경전 한 구절 깊이깊이 읽고 있다는 듯 저물도록 더듬고 있다

발은 종종거렸지만 속 터지게 느려

이 넓은 경전밭을 언제 한 바퀴 도나 산맥처럼 솟아난 글자 위를 어떻게 넘어가나

집에는 고몰고몰 식솔이 기다릴 텐데, 배고픈 입들 소리죽여 기다리고 있을 텐데, 빈손으로 어떻게 돌아가나 해는 지는데

한 구절 한 구절 탁발은 잊어버리고

종일토록 산책이나 나온 듯 흰 구름만 산 너머로 놓아

보내는

까맣게 빛나는 개미의 만행을 지켜본 날 있다

『돌밭경』을 읽다

이순을 바라보며 『돌밭경』을 읽기 시작했다

이 경經은 밭에 흙보다 돌이 많아 붙인 이름인데, 다른 건 소용없고 곡괭이라야 그나마 조금 읽을 수 있다

삼 년 넘게 읽었으나 아직 첫 장도 넘기지 못했다 하루 일하고 다음에 가면 잡초가 더 많이 자라있어 매번 새로 읽어야 한다

하루 종일 곡괭이질로 서너 평씩 경전 일궈 고추 오이 토마토 대파 옥수수 토란 호박 도라지 더덕 등 갖가지 글귀를 띄엄띄엄 심었으나 씨 값도 하지 못했다

주변으로는 감나무 몇 그루 일가를 이루고 있다

이번 여름에는 경전을 정독하기 위해 파묻힌 글자들 캐내 탑을 쌓을 작정이다

오늘부터는 장마철이다 비가 많이 내리면 글귀가 토사에 묻히거나 급류에 떠내려 갈 수 있으므로 조심해야 한다

허리 휘게 경전 읽는 동안 빼꾸기 꾀꼬리 산비둘기 놀러 와 노래하나 대접할 것이 마땅찮다

이래저래 올해도 첫 장 넘기기는 쉬운 일이 아닐 듯 싶다

아버지 평생 하시던 공부, 미루고 미뤄 삼 년 지났으나 아직 문리를 터득하지 못했다

경전을 읽기에 내 손은 너무 무르다

달마達磨의 숨은 꽃

바람인 듯 가볍게 와 닿는 목숨이었다

기둥 세워 면벽구년, 가벼워진 달마의 몸은 홀로 피어난 민들레 꽃씨였다

고운 숨결이듯 솔바람 불 때마다 고요의 뼈마디가 몸의 중심을 떠나 하늘로 날아올랐다

깃털에도 뼈가 있어, 이렇게 부드러운 뼈가 날게 하다니, 숨은 꽃을 피웠다니

달마는 그림자처럼 소리 없이 떠나갔다 몸을 거두어 갔으므로 돌아오지 않을 것이다

그가 남긴 기둥의 숨결과 뼈의 중심과 깃털은 흐린 발자국이 되었다

그의 발자국은 숲 속으로 사라졌다

발자국을 끝까지 따라가면 허공에 이를 것이다

거기 잘 익어 수평으로 둥근 꽃송이가 보일 듯 보일 듯
숨어 있다

연기 자욱하다

밭에서 일하다가 독충에게 여러 번 쏘였다 퉁퉁 붓고 욱신욱신 쑤시고 몸이 뜨겁다 밤엔 잠들지 못했다

밭에 안 갔으면 독충에게 쏘이지 않았을 테고 퉁퉁 부을 일 없고 욱신욱신 쑤실 일 없고 열날 일 없고 잠 못 이룰 일도 없었을 것이다

이것이 있으므로 저것이 있는 것이다

이게 다 연기緣起일 터

그런데 웬 뚱딴지같이 감나무 붉어질 무렵

할아버지 사랑에 군불 때시느라 청솔가지 아궁이 가득 밀어 넣은 굴뚝에 연기 빼곡 솟아오르는 생각이 나는 건지 눈 감으면 연기 자욱하다

산골 숯막에도 연기 자욱하겠다

소금사막

이 세상 사막 어딘가에 소금밭이 있습니다
사막의 배꼽 아래 짜디짠 소금밭은
만년설이 굳은 얼음층처럼 켜켜이 쌓여 있습니다
이곳은 한때 바다였으므로 한낮엔
달구어진 햇살에 잘 익은 소금이 보석처럼 빛나는데
몇몇 낙타꾼들은 벽돌처럼 떼어내 낙타에 싣고
모래언덕을 넘어 세상 속으로 돌아옵니다
세상으로부터 너무나도 먼 이곳은 죽음의 길이기도 해서
길을 잘못 든 낙타꾼은 낙타와 함께 미라가 되기도 합니다
삶의 길이 너무 멀어 안타까운 오늘
독거노인 한 씨 리어카가 보이지 않습니다
장성한 자식이 셋이나 있지만 한사코
낙타 몰듯 빈 수레 끌고 소금밭을 찾아가는 낙타꾼처럼 골목 누비며
돈이 될 만한 폐품 모아 생계를 유지하는 그 노인
사막에서 길 잃고 미라가 되었는지도 모르겠습니다

오늘이 하늘 높은 처서라는데

삼복보다 더 짜디짠 햇살이 가슴에 쨍쨍합니다

몽유夢遊의 날들

팍팍한 세월 끝 간 데 없이 가물어 생은 속살까지 불타네

오, 어린 새의 영혼을 감싸 안고 흔들리는 갈대여!

바위 한 덩이 등짐지고 가는 이에게도 강물은 흐르네, 울음 젖은 강물 굽이져 흐르네

때 아닌 춘삼월 눈꽃 무더기무더기 피어나 허공을 뿌리며 오시네

눈 내리는 날에는 깊이깊이 들여다보는 눈으로 아버지가 오시네

아버지는 눈도 잊고 길도 잃어 바람일 뿐이네

얼다 녹다 덕장 한 철 끝낸 황태의 마른 호흡을 꿈꾸는 바람이 되셨네

지금은 모두 흘러갔네, 흔적조차 없네

아무렇게나 흐르는 몽유의 날들은 아직도 사막이네

머나먼 계절로 통하는 바람의 문이 아가리 벌리고 기다리네

그때

나는 기다리며 여기에 앉아 있다.—
기다려도 소용없는 것을 기다리면서
— 니체, 『즐거운 지혜』

생의 아픔 견디지 못하고 매서운 추위는 갑작스럽게 오기도 한다

그림자가 길어 머리를 가슴에 묻고 상처를 어루만지는 갈가마귀 울음이여!

강바람 숨죽여 우는 울음이어서 간절한 빛의 여운, 속살까지 붉은 강물

얼마나 큰 슬픔이기 만월이 들어 출렁이는가

생은 빈집 한 채 들여놓고 살다가 흔적 없이 허무는 것

고요의 빈집에 들어앉아 창 열고 엄동의 울음을 기다리

는 동안 모든 것이 내 곁을 스쳐갔다

그것을 아는 데 한 생애가 걸렸다

내 그림자도 길어졌으니 덧난 상처를 어루만져야 할 때가 되었다

생의 아픔이 마르기까지 또 한 생애가 걸릴지도 모른다

그때가 언제인가, 속절없는 일이다

三月, 이하李賀에게 묻다

그대 꽃다운 몸 홀연 먼 길 떠났으나 혼은 아직도 길 위에 있으매, 벌써 삼월이어서 묻는다

눈 녹고 바람 녹고 언 길도 녹아

넘치는 술잔마다 질펀하게 흐르는 마음의 천만갈래를 더듬더듬 징검다리 수놓아 건너고자 하였으나

굽이치는 강바닥은 가량없이 깊고 멀구나

한풍에 젊은 나이를 서둘러 떠나보내고, 떠났으나 떠나지 못한 이승의 꿈 오래오래 머물러

가슴의 불꽃은 재가 되고 뼈는 바위가 되었으니 더러 솔개가 내려앉기도 하려니와

정수리에 흰 눈 소복 쌓여 청춘에 백발이 되었구나

생은 본래 남루한 것이어서 부귀도 남루요 빈천도 남루요 취생몽사醉生夢死라도 남루이니,

남루라도 철 일러 가지에 잎은 오지 않고 잎이 오지 않으니 꽃 또한 오지 않고

벌과 나비와 그 밖의 다른 미물들도 오지 않고,

아무도 오지 않으니 달빛 넘치는 술잔이 깊이 외로웠으

리라.

마음의 신고辛苦를 세상 떠돌며 익힌 자조로 남몰래 물레 감아 이글대는 심장을 기어이 쥐어짜고야 마는 독한 날들이

벌써 삼월이어서 묻는다

귀신이 조화를 부려 한낮이 깜깜해지고 흙비를 퍼붓고 번개 치고 우박까지 쏟아 붓는다면

붉은 비단주머니에 시 한 수는 더하여질 것인데

가슴에 품은 절창을 언제 풀어놓을 것인가, 시인이여!

길은 외지고 이승엔 한이 많으니,

* 李賀(790~816) : 26세의 나이로 요절한 唐代의 시인. 시상이 떠오르면 그것을 적어 붉은 비단주머니에 넣어두었다고 함.

부드러운 강

아래로 아래로만 이어져간 줄기가 부드럽다

몸을 둥그렇게 말아 느릿느릿 흐르는 비단 한 폭을 펼쳐 놓고

생의 물음에는 한사코 침묵한다

물 속에서는

산도 마을도 사람도 부드럽게 흐른다

강은 목숨 가진 것들을 이어주는 생각 깊은 덩굴이다

그래서 여기에 몸 기대고 산다

제3부

달빛은장도

휘영청 방안이 달 속이다 텅 빈 속이어서 슬픔도 달처럼 환하다

익어 젖은 달빛은 춤추며 밀물썰물로 밀려왔다 밀려갔다

메밀꽃 피는 자작나무 숲길을 자작자작 걸었다 고요의 바다는 깊어 적막했다

하늘에는 마디마디 물음이자 대답인 눈물이 그렁그렁 허공에 가득했다

몸 저리게 그리운 계절의 물음은 항상 붉었으나 대답은 마른 갈대였다

철없는 생각이 생을 겉돌 때 몸은 자꾸 물음 쪽으로 기울어 뒤척였다

기울어진 몸이 갸웃갸웃 품안에 스며 날 세운 채 촌철의 때를 벼리고 있다

가슴에 안겨 두근거리는 오! 달빛은장도

울진에서 태백까지

속 끓이며 잠 못 자다 첫새벽 집을 나섰다 어둠 속에서는 단비가 내리고 있다

여섯 시간 반을 달려 도착한 곳이 울진, 코앞이 동해다

바다는 안개 속이다 연료를 가득 채우고 태백으로 가는 산길을 택한다 구름이 만들어내는지 길이 하늘로 나 있다

동행인이 없다는 것은 외롭고도 편안하다

재를 여럿 넘었다 빗줄기는 마른 콩처럼 차창에 탁탁 튀고 험준한 고갯길은 뒤틀려 있다

구름 잠긴 고갯마루에서는 마음이 몸보다 먼저 젖는다

폐광처럼 허기가 밀려올 때쯤 하늘과 맞닿은 태백에 도착했다 석탄 무더기가 쌓여있는 철길 건너 막국수 한 사

발 시켜놓고 달려온 길을 돌아본다

미지의 곳으로 구불구불 오르다가 구불구불 내려온 길, 삶이 아슬아슬하다

목구멍을 넘어가는 막국수 가닥이 길처럼 멀다

일체유심강론一切唯心講論

1.

오해하지 마라, 일체는 너무도 막막하고 하염없어 아무도 본 자가 없느니라

그러나 알아라, 네가 바로 일체 아니겠느냐 그러니 네 마음을 바로 보거라 마음은 깊고 어두워서 가린 것을 거두고 빛을 쪼여야 참 면목이 보이느니

그러므로 一切에 대해 唯心照여야 하니라

2.

함부로 아무데서나 오줌 누지 마라 오줌을 누는데도 법도가 있으며 똥 누는 것 또한 그러니라

하물며 다른 것이겠느냐

젊을수록 오줌발이 거세니 그것이 一體요, 그 마음이 아침에 일어나니 唯心朝니라

3.

빛이니 아침이니 아무렇게나 이름 붙이지 말아라

빛을 빛이라 말하면 이미 빛이 아니요, 아침을 아침이라 말하면 아침 또한 아침이 아닐 것이니

새를 새장에 가두면 새가 될 수 없는 법, 네 마음의 새를 숲 속으로 날려 보내거라

자유로운 一切는 唯心鳥일 뿐이니라

4.

지금 그 좋은 말씀을 꿰면 사리가 서 말이요, 베틀에 잉아 걸어 한 올 한 올 짜내면 한 고을 백성 옷감으로도 풍족하리다

빈 수레가 요란하고 흘리는 말에 낯빛이 좋다 하였으니 어찌 틀린 말씀이리까

수면에 돌 던지면 물결 일어 사물은 이지러지니 마음을 한가롭게 고요히 함만 같지 못하리다

그러니 一切의 고요는 唯心寠아니리까

* 조(寠)는 '한가하고 조용하다' 의 뜻

목련 피어나다

목련나무 아침이 흐드러졌습니다.

흰나비 떼 지어 가지에 앉아 멈칫거리며 조금씩 흔들거리며 생각에 잠겨있습니다.

허공에서 저렇게 오래, 저렇게 가만히 생각에 잠기는 것은 너무도 환한 고요 때문인데

고요가 흔들릴 때마다 가볍게 깨어나서 여리게 떨리다가

생의 한순간이 아주 무거운 듯 날개를 떨어뜨립니다.

나무 아래 가벼워진 이승의 꿈들이 차곡차곡 쌓입니다.

대화

몇 해 전 작고한 스승께서
혼잣말처럼 말씀하셨다.
"내 인생의 절반은 길에서 보냈다."
"길에서 무엇을 하셨습니까?"
"걸었다."
"그 길은 어떤 길입니까?"
"눈앞에 있는 길이다."
"왜 걸으셨습니까?"
"길에서 그럼 무얼 하겠느냐?"
"저도 걸어야겠습니다."
"그건 네 마음이다."
섣달 달 밝은 길을
스승은 가뿐가뿐 앞서 가신다.

(也石 朴喜宣 1923~1998)

詩作 노트 : 돌의 시인 也石 선생님은 어느 날 답사 길에 내게 "내 인생의 절반은 길에서 보냈다"는 말씀을 하신 적이 있다. 나는 가만 듣고만 있었다. 스승은 갔던 곳을 수없이 반복해서 가고 또 갔다. 시간에 따라, 날씨에 따라, 계절에 따라, 기분에 따라 느낌이 사뭇 다르다는 것이다. 스승이 돌아가시고 없는 지금, 나는 스승과 만나 대화를 나누곤 한다.

깊이 들여다보다가

골목길 누군가 찍어놓은 발자국에 숱한 별들 잠겨있어

별들 들여다보다가 무엇인가 들여다보는 것은 생을 들여다보는 것과 같아

깊이 들여다보면 웅덩이나 저수지나 우물이나 깊이가 같아서 하늘만 한 슬픔도 별이 되고

깊이 들여다본다는 것은 목숨 또한 덧없어 호밀밭 위를 흐르는 달그림자 같기도 하고

나무도 제 마음을 그토록 오랫동안 들여다본 후에야 조금씩 뿌리를 땅 속으로 뻗어 가는데

밤 깊어 아픈 시 한 줄 쓰려 생을 깊이깊이 들여다보면

제 마음 잃고 떠돌던 말들이 빈손으로 돌아와

뿌리도 없이 극빈의 울음을 새처럼 울다가 잠들기도 한다

낙산사 다비식

백두대간 산불 번져 온통 불바다가 되자
그만 가야겠다, 밤사이 천년 고찰 낙산사가 적멸에 드셨다
슬퍼하는 제자들에게
관 속에서 발을 내보이시듯
홀연 모습을 현신하신 관음보살이신 듯
스스로를 불태우며 끄덕끄덕
화광의 미소 환하게 지으시는 낙산사 장엄의식
아름드리나무와 사천왕문 홍예문이 불타고
대웅전 보타전 원통보전까지 불타자
종각 범종은 소리 내 울지도 못하고 하염없이 녹아내렸다
대보름 달빛 받으며 매양 돌던 석탑
곱셈으로는 계산할 수 없는 아득한 시간의 저편에서
인연 따라 왔다가 인연대로 떠나가는
연기緣起의 자욱한 연기煙氣
다시 오마, 약속의 말씀 한마디 없이

불바다 아비규환 세상 힘겹게 등지고 고요열반에 드셨다
연꽃처럼 피어나는 소신공양燒身供養 불꽃 춤사위
미욱한 중생의 업보 대속代贖하시는 낙산사 다비식에
눈꽃처럼 떨어지는 말씀의 사리
관음 진신께서 상주하시매 자비롭던 오봉산자락
해수관음 눈길 끝에 출렁이는 먼 바다
마음에 깃들어 철썩이던 홍련암 파도소리
아침햇살 화엄설법, 쩌렁쩌렁 말씀이 지엄하다

영원산성

아득한 영원에 갔어요 바람에 흔들리는 허공을
부르트도록 오래오래 걸었어요
초록이 일어서고 있어요 웅크려 모은
작은 발가락으로 초록을 헤치며 어린 할미새는 날아올
라요
너무나도 쓸쓸한 허공이어요
휘파람소리가 들려요
호젓한 숲 속에 번지는 선명한 빛의 울림은
낮은 목소리로 영원에 스며들어요
돌 틈을 헤치고 흐르는 골짜기의 물줄기는
고요의 깊은 영혼이어요
이곳에도 고라니가 살고 있을까요
가늘은 종아리를 풀섶에 묻고 숨어서 이편을
몰래 훔쳐보고 있을까요
듬성듬성 빗줄기가 들어요 흔들리는 허공이
젖어들어요 허망하게 잃어버린 사랑도 여기서는
푸르게 살아나요 정말

고라니가 이편을 보고 있을까요
오늘 밤은 성벽에 잔물결 일으키던 달도 오지 않아요
초롱초롱 별빛만 기다리다 어린 새는 잠들겠지요
캄캄한 허공, 영원의 품에 깊이 안기어

* 영원산성 : 원주 치악산에 있는 산성.

사과나무 위의 사색

사과나무 가지에 참새가 앉아있다

고개를 갸웃 틀어 무언가 골똘히 생각하다 잠시 먼 산 바라보다 이윽고 그렇구나, 끄덕인다

참새는 생각이 분주한 듯 눈 반짝이다 다른 가지로 옮겨가 또 갸웃거린다

어떻게 꽃이 피는지 초록열매가 붉은 사과가 되는지 깊이 생각하는 것 같다

비바람이 몰아칠 때 어떻게 맨몸으로 견디는지 물어보는 것 같기도 하다

작은 몸이 몹시 여위었다

오늘따라 말수도 적다

연꽃마을

정오의 뭉게구름은
수련 둥둥 떠 있는 작은 연못 속에서도
하늘만큼의 크기로 깨어나
뭉게뭉게 흐르네
생각이 깊으면 마음까지 깊어져
겹겹 피어난 우주여!
그것은 덧없음을 넘어
기쁘기도 하고 슬프기도 한 삶의 표상,
비밀스러운 바람은 몰래 찾아와
땅 속 뿌리마다 사유의 숨결 하얗게 터놓고
생의 오후, 꽃은 홀로 잠드네
새벽별처럼 다정한 연꽃들의 마을
노랑 분홍 보라
색색의 꽃잎을 닫고
물 속으로 잠기며 스스로를 지워가는
땡볕 찬란한
한여름의 고요를 들여다보네

싸락눈

해물칼국수집 식탁에 둘러앉아 해물칼국수를 기다리다가

할 말 없어 막막히 창밖만 바라보는데 싸락눈 푸짐히도 내린다

꼭 박용래스럽게 내리네 맞은편 소설가가 불쑥 한마디 한다

그려그려, 난 박용래 저녁눈을 읽고 온몸이 감전된 것 같았어,

퇴직 교장이 쩌르르쩌르르 몸을 떠는 오후

제4부

러시아산 대게

대륙횡단열차에서 창밖을 보면 그리운 게 많아

끝없는 들판의 빈 공간이 너무나 광활해서 세상이 온통 비어버린 듯한 착시에 몸을 떨었지

누구를 소리쳐 불러볼 틈도 없이 고독하다는 것도 환청이야

시베리아의 속살은 말랑거리고 쫄깃하지만 껍질은 너무 춥고 딱딱해

보드라운 손으로 만지면 가는 혈관의 피가 배나올 거야

너는 붉게 번지는 핏빛 하늘을 좋아했지 붉은 광장에 해질 때면 네가 푹 익었을 때처럼 하늘은 발갛게 물들었어

대륙횡단열차를 타면 청춘의 꿈처럼 그리운 게 많았지 그래서 우리는 팔짱 끼고 비틀거리며 심해의 골목을 기웃거렸잖아

독한 술에 취해 가끔 흐느껴 울고 세상 돌아가는 게 더러워 거품을 물었지

너의 앙칼진 손톱과 커다란 집게 때문이야

종착지도 모른 채 수족관에 갇혀 종말을 기다려야 하는

현실이 믿어지지 않아
  한때의 굴욕은 안개거나 이슬비 같은 걸 거야
  생의 대륙횡단열차를 타면 다 잊을 수 있어
  큰 파도가 넘실거리는 북해와 거기서 생을 다하지 못한 자의 비애와 심해에 던져진 통발의 비극까지도 대륙횡단열차에서는 창밖의 풍경이 되고 말지

누가 울음을 심어놓았나

누가 울음을 심어놓았나

팽팽하게 당겨진 길의 현絃, 햇살 젖어 반짝이며 피어난 이슬의 무게, 흔들리는 나뭇가지에서 새는 아무도 보지 않는 사이 허공으로 날아갔네

영원은 순간이야 바람 부는 걸 봐 비 내리는 걸 봐 물관을 따라 올라간 순수초록, 가지 끝 자꾸만 붉어지는 생의 꽃멍울

인생은 사막이야 사막에는 보이지 않는 길이 있어, 코끼리가 태어나고 늑대가 태어나고 늙은 할머니가 태어나고

혼자 태어나 깜깜하게 울음 우는 몽유의 길은 별들에게 곧추 이어져 흔들리는 생을 부축해주지

사막을 건너야 해, 밤이 어두운 것은 울음의 고요를 위

해서야

누구든 가슴에 맺힌 것이 있을 때 별들이 그러하듯 어두운 길의 적막에 깃들어

쓰디 쓴 세상을 견디며 고요해지도록

누가 외로운 길 헤집어 먼 강물 흘러가는 시퍼런 울음을 심어놓았나

막장의 날들

사랑한다는 말을 하기 위해 걸었다
막장까지 갔다
길이 막혀 사랑한다는 말은 하지 못했다
막장인생의 초록입술은 아무 때나 장미처럼 붉게 시든다
거리에서는 풍선과 깃발들이 노랗게 흔들리다 굴비처럼 모가지가 엮였다
폭력과 광기와 증오가 꽃처럼 피어났다
고상한 것 같은 삶도 길게 보면 막장이다
모든 생은 막장에서 시작해서 막장에서 끝난다
막장은 언제나 높고 견고하다
모든 길의 끝이다

늪의 말씀

오려거든 해 뜰 때 오너라

물안개 피어오르고 지난 밤 달이 아직도 수심 깊이 잠들어 있구나

일전 몸 푼 따오기 건강하고 어린 것들 제법 보채며 첫날개 홰치려 한다더라

물옥잠 꽃물 올라 젖가슴 봉긋 부풀어 어디 고요 있으면 혼처 살펴다오

건너 산 아카시아 향내 진하니 비단에 물들이면 뭉게구름 희게 피어나지 않겠느냐

혜원蕙園이 다녀간 뒤 버드나무 밑에 정인情人이 오더란 말은 뜬소문이더냐

왜가리 드나들고 재두루미 일가 겨울 난 후 떠나 휑하니 빈집이다

지금 해 뜨려 하니 서두르지 말고 얼른 오너라

* 혜원蕙園 : 조선 말 화가 신윤복

살구나무 아래

봄 오기 전 언 땅 파고 살구나무에 거름을 주었다

뻐꾹새 이산저산 울 때 가지마다 조그만 살구 다닥다닥, 초록 잎새 반짝 빛났다

어디서 이렇게 많은 씨앗이 날아왔을까 살구나무 아래 잡초가 무성하다

싱싱하게 하늘거리는 풀을 뽑으며 어째서 이것이 잡초인지 궁굼했다 누가 나를 잡초라고 뽑아버린다면 얼마나 기막힌 일이겠는가

잡초 속에도 소리 잔뜩 머금은 연보라 오동꽃 환하게 피었을까 잡초가 아닌 풀의 신神에게 송구한 생각도 들었다

비로소 살구나무 아래가 깨끗하다 여기라면 오동꽃 질만도 하겠다

올 여름 살구 잘 익겠다

상월풍경

아흔 되셨으니 여기저기 아프고 서럽고 그리운 것도 많으시리

자식들 앞세워 큰 병원 가보지만 서럽고 그리워 생긴 병은 병명조차 없네

아버지, 의사 선생님이 건강하시다네요

그런데 왜 나는 성한 곳 없이 아프기만 하냐 밤엔 통 잠을 이룰 수 없으니

돌아가는 길, 창밖 풍경에 넋을 빼앗긴 노인의 눈길이 서늘하다

산자락 추수 끝난 들판이 가뭇가뭇 깊어 가슴속으로 스며든다

여기가 어디냐

상월이네요

쓸쓸하고 깊어서 아름답구나. 내가 사는 곳이 아름다운 것을 처음 알았다

뿌리 드러난 구십년 묵은 덩굴이 몽글몽글 뭉쳐 두둥실 떠가고 있다

함께 떠가던 딸이 불쑥 한마디 한다

아버지 팔다리 만져보니 가죽만 남으셨네, 말씀조차 가죽뿐이시네

* 가을이 깊어질 무렵, 장인 모시고 논산시 상월면 일대를 휘돌았다. 이곳에는 윤증고택, 노성향교, 노성산성이 있다.

길 위의 경전

궁핍한 시간 너머 라싸에는 누군가 불 밝혀 놓은 환한 길이 있습니다

이 길은 산속마을 고샅까지 끝없이 이어지는데, 어떤 사람은 제 가슴에다 새 길을 내기도 합니다

그리고는 생의 물음을 깃발에 새겨 산꼭대기 바람길에 걸어놓습니다

시간이 주는 대답일까요, 바람 불 때마다 물음은 팽팽하게 당겨져 찢어질 듯 펄럭입니다

티벳인이라면 숙명처럼 누구나 한 번은 라싸에 가야 합니다

오체투지, 이렇게 느린 걸음으로 수백 수천 리 영혼의 길을 더듬어 닦는 것은 다시 태어날 다음 생을 위한 것입

니다

높고 외롭고 적막한 이 길은 하늘에 가장 가까운 사원이자 경전입니다

아득히, 기다림 닮은 길 위의 경전이 별처럼 깜빡입니다

* 티베탄들은 생애에 한 번은 聖地 라사를 가고자 열망한다. 오체투지하며 기약 없는 날들을 통해 포탈라궁과 조캉사원을 참배한다. 그래야 다음 생에서도 사람으로 환생할 수 있다. 그들은 불경을 새긴 깃발 타루쵸를 산과 언덕에 걸어놓는데 바람에 펄럭일 때마다 부처님 말씀이 세상 끝까지 퍼져간다고 믿는다.

야크가 있는 풍경

순한 것이 덩치가 산이다
눈동자를 끔벅거릴 때마다 흔들리는 능선 위로
낮달이 떴다가 진다
막막하다거나 묵묵하다는 말은 산의 뿔
오! 뿔은 얼마나 위대한가
한 차례 호흡만으로
순하게 누운 산맥을 허공으로 들어올린다
이곳에선 사람이나 짐승이나 같다
마른 시간을 되새김질하는 오후
아이들은 모여 재잘거리며
제 심장에 도로 뿔을 꽂아 넣기 위해 집으로 간다
본성이 선하다는 것이나
하루하루 사는 것을 꿈꾸는 것처럼 말하는 것은
미추에 관한 담론일 뿐,
해질 무렵 천상고원 설산에는 칼바람 속에서도
산벚이 가슴속에 숨어서 핀다
터벅터벅 서툰 글씨체로 삐뚤삐뚤 걸어가

정월 추위도 아랑곳 않고
저무는 하늘빛을 흔들어 흩뿌리며
산의 뿔, 음계音階도 없이 붉게 허공으로 진다

자벌레 수업

한 사내가 성지 포탈라궁을 향해 삼보일배 라싸로 가고 있다

마른 걸레로 길을 닦듯 성큼성큼 세 발짝 걸은 다음 언 땅에 몸 펼쳐 이마로 한 눈금씩 찍는 동작이 꽁새 닮았다

지상의 길을 한 뼘 한 뼘 재며 가는 동안 싸락눈이 사내의 등을 때린다

전생이 얼마나 무겁기 고행이 짐승 같은가

말 한마디 없이 묵묵한 사내의 주름 속에는 라싸로 가는 길이 깊게 새겨져 있다

그가 잰 한 뼘 몸의 길이만큼 허공은 낮아져 구름은 발 아래로 흐른다

그는 구름 위의 밭을 갈아 씨 뿌리는 농사꾼이나 그의 농법에 수확이란 없다

뿌리고 거두지 않으니 아무나 거두면 된다

그의 간절한 꿈은 나비가 되어 하늘을 나는 것이다

오체투지 라싸 가는 길,

자벌레 고치 틀 새도 없이 하늘에서 부화한 흰 나비 떼지어 날갯짓 한다

혼자서도 외롭지 않은 먼 길이 더 없이 느슨하다

몽골에서의 하룻밤

하룻밤을 망망한 초원의 겔에서 보냈다 잠결에
여우 울음소리를 듣고 눈 푸른 독수리를 창공에 쏘아 올렸다
눈 덮인 초원의 광활함을 생각한다면 겔은 분명한 또 하나의 별이다
난로에서는 달뜬 목소리로 말똥이 타고, 그래서
이곳 추위가 견딜만하다면 엉덩이가 시퍼런 족속이다
(말들이 발굽을 구르며 몇 번이고 우는 밤이다)
황혼을 등지고 말젖 짜던 처녀의 볼은 붉게 빛났다
그 맑음을 비유하자면 다시
독수리를 푸르게 쏘아 올려 먼 고장의 숨은 별을 찾아야 한다
처녀는 동트기 전에 일어나 옷매무새를 고치고
멀리까지 나가 언 강 깨워 강물을 긷고
뜨겁게 데운 말젖 한 잔을 쟁반에 받쳐 오리라
(싸락눈이 싸락싸락 내려 쌓이는 밤이다)
삭은 난로에 마른 말똥을 몇 개 집어넣자 파란 불꽃이

인다

처녀의 얼굴과 가슴과 굵은 허리와 둥근 엉덩이와 순박하게 환한 웃음을 생각하면 몸이 뜨거워져 말이 허공을 차오르며 초원을 달리고 목구멍에서는 늑대가 길게 우는 것이다

한밤중 모서리가 날카로운 바람이 초원을 건너 내게 왔다

먼 길을 왔으므로 처녀를 들이듯 이불 한 귀를 들어 바람을 맞아들였다

한풍도 오래 품으면 뜨거운 불길이다

몸이 부풀어 꽃대가 서고, 비와 구름이 교감하여 싱싱한 풀들이 와그르 자라나는 동안 날이 밝았다

초원의 겔과 독수리와 여우와 말젖 짜던 처녀는 신기루처럼 사라졌다

몽골에서의 하룻밤은 불온한 것이었다

그렇지만 그리워진다

내가 쏘아 올린 독수리는 어느 오래된 창공을 날고 있을까

허공의 사람들

허공을 짚고 사는 사람들을 보았습니다 해발 사천 미터가 넘는 산꼭대기에 조각조각 맨몸을 펼쳐놓으면 누군가의 생을 포식한 독수리가 수십 수백의 날개를 펼쳐 이승의 영혼을 거두어 갑니다 그러면 만년설을 인 봉우리 하나가 웃음 지으며 불쑥 솟아오르는 것입니다 만년이라니요 백년을 백번 곱해서야 한번 만월이 떠오르는 이런 날은 포탈라궁조차 통째 허공이 되고 말지요 야크와 양떼와 낡은 살림도구 몇 개와 땟물 졸졸 흐르는 아이들이 일용할 양식의 전부지만 그것만으로도 생은 강물처럼 굽이치며 흐릅니다 여인들은 때가 되면 야크 똥을 주어다가 풍경 속의 설산을 익혀 끼니로 내놓습니다 바쁠 것 없이 몸이 혼을 따라가듯 다만 느리게 살아가는 것이지요 간절하게 환생을 기다리는 티벳 사람들에게 허공은 중심을 비워둔 곳간입니다

제5부

앙코르왓 회상

나는 아직 가보지 못한 앙코르사원 돌계단에 앉아있다

시바신은 적막에 잠겨 깊은 명상 속에 숨은 별을 찾고
나는 그림자처럼 시바신의 명상의 끝자락을 움켜쥔 채 하늘을 날고 있다

탁발을 떠난 나어린 승려의 벗은 어깨 위에 붉은 가사가 너울거린다

오! 전생의 나는 탯줄의 피도 마르기 전부터 생을 잃고 허우적거리는 달빛이었던가

한때는 어린 탁발승의 눈빛을 따라가던 저녁노을일 뿐이어서

붉은 가슴에 소복소복 쌓여 가없는 세월의 이끼에 굳어버린 슬픔 한 조각 물어 나르는 작은 새였지

앙코르왓, 다시 돌아와 잊어버린 꿈이여!

아직도 나는 앙코르사원의 돌계단에 앉아있다

시바신은 적막에 잠겨 깊은 명상 속에서 길어낸 별들을 밀림의 비밀한 곳에 숨기고

나는 시바신의 명상의 끝자락을 움켜쥔 채 하늘을 날다 지상으로 떨어진다

(그때 아슬아슬한 돌계단 하나가 무너져 내렸다)

마하간다용 사원

미얀마 만달레이에는 이천 명 승려들이 공부하는 마하간다용 사원이 있습니다 '위대한 향기' 라는 뜻입니다

오전 10시 30분, 사원 기둥에 매달린 쇠막대를 나무망치로 댕댕 울리면 이곳저곳에서 맨발의 스님들이 고개 숙인 채 발우를 가슴에 끌어안고 모여 줄지어 식당으로 들어갑니다

늙은 스님도 있고 아주 어린 스님도 있습니다

따가운 햇볕이 내리꽂히는 시간, 불을 켜지 않아 어두침침한 안은 금세 스님들로 가득 차지만 새벽처럼 고요합니다

스님들의 공양은 아주 간결합니다

공양이 끝나면 그림자 따라 조용히 일어나 제각각 수도처로 돌아갑니다

내가 본 것은 이것입니다 줄서서 밥을 받아 말없이 먹고 돌아가는 것, 이런 탁발의 모습이 정갈한 한 줄 시처럼 느껴지기도 합니다

스님들의 탁발공양에는 향기가 배어있습니다

위대한 향기는 코로 맡는 것뿐만 아니라 몸으로도 느껴지는 것인가 봅니다

잔잔한 울림이 오래 머물렀습니다

갠지스강가에서

강물이 흐른다는 것은 시간이 흐른다는 것이다
지금 나는 강을 마주한 채
유유히 흐르는 시간을 내려다보면서
강의 시원을 찾아 아득히 먼 고장을 헤매고 있다
장작더미 위에서는 시신이 타고
벌거벗은 사두는 명상에 들어 있고
먼 데서 온 순례자들은 죄로 물든 영혼을 씻어내고
아이들은 느린 시간 속으로 신나게 뛰어든다
시간은 그냥 흐르는 것이 아니다
지상의 모든 것들을 가슴에 품고 흐른다
천지창조의 순간부터
시간이 지향하는 곳은 언제나 아래쪽이다

블루 라씨 숍

미로처럼 얽힌 바라나시 시장 골목
서툰 한글 간판 '블루 라씨 숍'
선풍기도 없는 컴컴한 가게 안으로 들어가
길다란 나무의자에 간신히 엉덩이 한쪽을 걸치고
손부채질 하며 한 시간쯤 기다리면
고대의 붉은 토기에 걸쭉한 라씨가 넘치듯 담겨 나온다
그 사이 들것에 망자亡者를 얹은
초라한 장례 행렬 비좁은 골목을 지나가고
아무것도 보지 않았다는 듯
아이들은 떠들고 노인들은 묵묵하다
감칠맛 나는 라씨를 다 마신 뒤에는 아낌없이
생을 마감하듯 잔을 던져 깨트려버린다
여기서 몇 발짝 가면
재가 된 육신의 실존이 통째로 던져지는
갠지스강이 있다

* 라씨 : 요쿠르트의 일종

전생

누군가 내가 전생에 인도인이었을 거라고 말했다

그래, 나는 무굴제국의 황제 샤 자한의 석공이었을 것이다 거듭 태어나 갠지스강을 흐르는 뱃사공이었을 것이다 그 전 카쥬라호 시바사원 벽에 미투나상을 새기는 조각가였을 것이다

인도에 가서 본 것은 갠지스강의 모래 한 알을 본 것에 불과하다

지금 수많은 인도인은 역 광장에 누워 기차를 기다리는 여행자처럼 가난하나 사유 속에서는 별처럼 불멸의 영혼이 깜빡이고 있다

맨발로 걸으며 손 내밀어 자비를 구걸하지만 그들은 편안하고 당당하다

누군가 내가 전생에 인도인이었을 거라고 말한다, 그러나 나는 불안하다

불멸의 길을 맨발로 걸을 준비를 아직 못했기 때문이다

카쥬라호에서의 전생

시바신에게 바친 카쥬라호 서탑 미투나상을 보다가 문득 전생의 나를 발견했다 장년의 내가 아내와 뜨겁게 사랑을 나누는 나를 알아본 것이다 나는 왜 사랑을 나누는 순간에도 이처럼 고독했던 것일까

전생의 아내 행방을 나는 알지 못한다 다시 만나자고 언약한 바는 없었으나 지극한 마음을 나누었으므로 우리 사랑은 애오라지 깊은 것이었다 천년이 지났지만 다시 만난다면 단번에 알아볼 수 있을 것이다

아내는 맨발이었다 나도 맨발이었다 우리는 맨발로 밥먹고 맨발로 잠자고 맨발로 일했다 늘 맨발이었으므로 숨길 것도 드러낼 것도 없었다

아내를 찾아 온 것은 아니었으나 무의식 속에서도 나는 전생의 아내를 그리워했던 것 같다 그렇지 않다면 천년이 지난 후에 무엇 하러 이 먼 카쥬라호까지 왔겠는가

시간이 우리를 갈라놓았으니 마침내 시간은 우리를 재회시켜 줄 것이다 나는 천천히 탑 둘레를 돌아 잔디밭을 지나 커다란 나무 아래로 갔다 내일 아침이면 이곳을 떠나 천년을 혼자서 가야 한다

* 카쥬라호 서탑의 미투나상. 나는 저이가 전생의 나임을 알아보았다.

타지마할

생을 돌고 돌아 실로 삼백오십 년 만에 다시 왔다

전생의 나는 타지마할의 석공이었다

낯익은 동문으로 들어갔다

청춘을 바쳐 조각했던 대리석의 흰 무늬는 세월의 강을 건너 빛속에서도 섬세하게 빛나고 있다

길을 따라 걸으며 나는 유한과 무한의 교차점에 서 있는 것이라고 생각했다

제국을 건설한 황제의 최후는 사랑의 완성을 위한 순교였다

사랑은 얼마나 위대한 허무인가

빛이며 비극 자체인 황제가 그립다

우루밀라

안나푸르나 자락, 이틀을 걸어 당도한 산마을 간드룩에는 어둠이 가까이 와 있었다

간간히 내리는 빗줄기는 부드러웠으나 안나푸르나에 이르는 돌계단 오르는 일은 단내 나는 고행이었다 오르고 또 올라도 오를 길은 까마득했다

가끔 먼 길을 마방 행렬이 길게 지나갔다

결핍뿐인 오지에 고요가 넘친다 밤새 춥고 고요했다

알이 깨듯 첫새벽 고요 속에서 숄을 두른 소녀가 나왔다

잔비를 맞으며 소녀는 몇 송이 꽃잎을 따 대문과 부엌과 방문 앞에 놓고 물을 뿌려 정화했다 세상이 깨끗하다

안녕, 우루밀라!

막 떠나려는데 잠든 칼처럼 조용히 빛나는 안나푸르나의 하얀 얼굴이 구름 사이 나타났다 사라졌다

안녕! 작은 소녀 우루밀라가 손을 흔든다

낯선 여자

어젯밤 천년 전 아내를 만났다 야위었고 작은 손이 거칠었다

아내는 보고 싶었다고 낮은 목소리로 말했다

목이 메는 건 거친 손이 아니었다

착한 사람, 그토록 보고 싶었다는 말은 위로가 아니라 몸이 잦아드는 슬픔이었다

술잔 나누듯 오래 슬픈 사랑을 나누었다

아내가 속삭이듯 노래를 불러주었을 때 떠난 남편을 기다리는 간절한 소망이 가슴속으로 낮고 느리게 스며들었다

밤새 잠들지 못했다 첫새벽이 오자 아내는 아침을 짓기

위해 일어났다 맨발이었다

필사적으로 천년 전의 기억을 찾아 헤맸으나 너무나 긴 세월이 흘렀다 맨발, 맨발…아내는 늘 맨발이었지

맨발의 아내가 나를 흔들었다

창문 가득 아침 햇살 들어오는 맞은편에 커다란 거울이 보였다

낯선 여자였다

바람이 불어오는 곳

히말라야를 머리에 이고 사는 사람들 왜 그리 높고 험한 곳으로 갔을까

숨쉬기도 힘든 곳 하루 세끼조차 먹기 어려운 곳으로 흘러흘러 갔을까

구름 잠긴 산길 따라 신을 경배하듯 간절하게 몸 낮춰 옹기종기 하늘가에 붙어사는 사람들

목 부러지게 등짐 지고 새들보다 높이 산다고 더 자유롭다고 환하게 웃네

다음 생에서는 바람이 불어오는 곳까지 더 높이 살겠다 하네

해설

고요의 사원에서 빛나는 염결한 詩정신

김명원(시인, 대전대 겸임교수)

강인하고 맑은 정신은 투명함을 지향한다. 잘 정련된 금속일수록 그 경도 또한 뛰어나듯이 정신의 밀도와 순도는 항상 정비례 관계에 있다. 불교에서 수행자가 일체의 미혹과 번뇌를 떨쳐버리고 구경 단계에 이른 상태를 '금강삼매'라고 일컫는 것도 그 때문일 것이다. 그러기에 한없이 투명하고도 견고한 영혼의 시적 고양을 가꾸어 온 홍순갑 시인의 시집 『깊이 들여다보다가』는 구경에 이른 세계에서 감지되듯 부드러우면서도 예리한 이내들이 아우라로 형성되고 있다. 정신적 순결성과 이미지의 명징성이 조화

롭게 일치를 이룬 세계, 속내가 환히 드러날 듯 비치면서도 기체나 액체처럼 유동하지 않고 집중된 응결의 주제를 보여주는 상징체계, 시어를 극도로 아낀 묵언의 행간, 이러한 시적 공간들이 그가 꿈꾸어오고 실천해 가는 고요의 힘으로 선연하게 드러나는 것이다.

이번 시집에서도 보여지는 것처럼 어쩌면 홍순갑 시인을 한정된 의미에서 고전적인 시인이라고 불러야 할 듯 싶다. 고전적인 시인이라는 것은 시를 발휘하는 면모에서 현대적이지 않다거나 시에서 다루는 대상들이 현실과 대치된다는 의미가 아니다. 시적 정신의 엄격성, 함부로 시어를 남용하지 않는 절제 능력, 끊임없이 자신을 혹독하게 단련해내는 시인으로서의 강열한 의지, 이런 것들이 관류하면서 형성해내는 보다 고답적인 요소들로 인하여 그를 고전적이라고 정의할 수 있겠다는 말이다. 이는 수려한 장식으로서의 이미지가 시라고 오해하거나 현란한 수사에 길들여진 시인들에게 색다른 전범을 제시하는 기회가 된다. 오늘날 산업화 문명의 거센 물살로 인해 서툰 전복과 난무하는 一환유라는 다소 경박한 해체주의적 어투의 신기만이 떠돌게 된 시단에, 홍순갑 시인이 이렇듯 단정하게 추구해가는 일관된 시적 자세는 담백한 감동을 선사하기 때문이다.

안일하고 상투적인 형상화를 경계하고 홍분이나 과잉의

감정을 폐기하면서, 그는 오로지 균형 잡힌 시의 구도를 간신히 세워낸다. 더 하지도 덜 할 수도 없는 아슬아슬한 지점에서 위태롭게 정제된 시어들만을 열거한다. 거기에 어떠한 잡음이나 불필요한 군더더기가 있겠는가. 고요로 지은 시집, 맑은 바람으로 통풍하고 밝은 마음으로 시의 길을 놓은 투명함이 비치는 『깊이 들여다보다가』는 홍순갑 시인이 소란함에 젖은 이 시대에 바치는 목가이며, 번잡한 시대를 거슬러 올라 명상과 만행에 가담하려는 독자들에게 바치는 헌시이다.

1. 사원에 이르는 고요

홍순갑 시집의 초입을 여는 시들은 '몸 사원' 연작시들이다. 시인의 몸이 한 채의 사원으로 지어졌으니, 몸에 와 간직되는 것들은 그대로 사원에 담기는 전존재로 현현한다. 사원이란 무엇인가. 종교적인 교당으로 신성한 영역이다. 신을 섬기고 구원을 향해 인간임을 겸허히 수용하는 영혼의 처소인 것이다. 그러므로 신비한 사원이라는 공간 내에서 시인이 담아내는 모든 대상물들은 세속적인 관점에서 이탈한다. 외면적으로 보여지는 아름다움으로만 규정되었던 '오동꽃'은 자신을 벗어내어 '만개한 보름달'과

화접하고(「몸 사원 · 1 —오동꽃」), '오동나무' 는 '달빛 쏟아지는 소리' 로 이양되며(「몸 사원 · 2 —승천」), '봄비' 는 "소멸을 모르는 기억의 유령들" 로 깨어나고(「몸 사원 · 4 —봄비」), '감나무' 는 '훨씬 가까워진 하늘 끝에서 어머니' 로 환치(「몸 사원 · 9 —감나무」)된다. 몸이라는 사원에서는 '나' 와 '타자' 의 구별이 없고, '대상' 과 '세상' 의 분별이 지워진다. 차별심이 없는 영역에서 시의 이미지들은 서로에게 서로를 공여하며 그만큼 존재론적 의미의 두께를 확보해간다. 그리하여 홍순갑의 '몸 사원' 연작시들은 간명한 시 형식을 구가하고 있는데도 단단하고 확장된 시의 부피가 감지되는 것이다.

내 몸 속 사원에 오동나무 홀로 꽃을 피웠다

선달 추위는 거울처럼 맑은데
오동꽃 속으로 만개한 보름달이 들어와 꽃 지는 밤이면 까막새 울듯 하나씩 진다

나 이제, 떨어져 파르랗게 떨고 있는 저 가야금 소리를 무엇으로 들을 수 있겠는가

—「몸 사원 · 1 —오동꽃」 전문

적막이 내려앉은 몸 사원, 가야금 열두 줄 위를 걸어 오동나무 텅 빈 그늘 속으로 들어갔다

별들 하늘에 맞닿아 오동꽃처럼 영글고 잠들지 못하는 하루의 꿈은 꽁꽁 얼어 춥다(중략)

날 밝자 오동나무 나 몰라라 시침 떼고 서 있다

저것이 언제 달빛 쏟아지는 소리가 되어 하늘로 가나

—「몸 사원 · 2 —승천」 부분

아무도 없는 것 같은 적막이 아우성치고 비린 바다의 꿈이 해풍에 묻어오기도 한다

구멍 숭숭 뚫린 고대의 숲 속에서는 미라처럼 밤마다 산새가 울었다

어떤 때는 거기서 낡은 스웨터를 집어 뜨는 가야금 소리가 들려오기도 한다

꽃잎 진 몸 사원이 오소소 떨고 있다

—「몸 사원 · 3 —낡은 스웨터」 부분

아득한 것은 옛날이 아니라
때도 없이 불쑥불쑥 깨어나 오동꽃을 피워내는
소멸을 모르는 기억의 유령들이다
나뭇가지를 붙잡고 함께 휘청거리는 산새 발가락처럼
애착의 끈을 놓지 못하는 생명의 비감,
만개한 산벚나무 밑에서 내 삶도 휘청거리고 있다
적막한 몸 사원이 뚝 뚝 지고 있다

―「몸 사원 · 4 ―봄비」 부분

해가 설핏할 무렵 오동나무 아래 서 있다가 오동꽃 지는 소리 혼자 들었다

호리병 닮은 꽃잎 질 때 풀섶에서 새가 날아오르듯 젖먹이의 잠이듯 낮은 숨소리가 들렸다

―「몸 사원 · 6 ―빛나는 오동꽃」 부분

사다리 놓고 감나무에 올라갔습니다

훨씬 가까워진 하늘이 가지 끝에 걸려 있습니다

하늘 끝 홍시를 따려다 어머니를 보았습니다

바람 불 때 오동나무 현絃이 길게 한번 울었습니다

—「몸 사원 · 9 —감나무」 전문

생을 영위해 가는 도구로서의 몸은 욕망 자체일 것이다. 먹어야 하고 입어야 하고 잠을 자야하고 사랑해야 하는 까닭이다. 그러므로 욕망의 집적체인 몸이 탈속의 상징물인 사원이 되기 위해서는 입사 과정이 요구되는데, 바로 욕망을 버리는 작업이다. 불교에서는 미혹의 세계와 깨달음의 세계의 인과를 설명하는 기본적인 교리 조직으로서 진리가 신성(arya)한 것이라 하여 '사성제' 혹은 '사진제' 인 '고제(dubkha)', '집제(samudaya)', '멸제(nirodha)', '도제(m rga)' 의 네 가지 진리를 말한다. 이들 중 '苦諦' 는 중생이 살아가는 데 있어서의 네 가지 괴로움 생고, 노고(老苦), 병고, 사고(死苦)를 일컫고, 고제의 원인은 집착이라고 설명한다. 집착은 탐애심(貪愛心)에서 발로되는 것인데 오욕인 색욕, 성욕(聲欲), 향욕(香欲), 미욕(味欲), 촉욕(觸欲) 등이 그 원인이다. 불교의 이상인 모든 괴로움이 '멸' 한 경지, '도성제' 로 나아가기 위한 구체적인 방법으로는 '팔정도' 와 '육바라밀' 이 있는데, '육바라밀' 은 생사의 고해를 건너 이상경인 열반의 언덕에 이르기 위한 여섯 가지 방편으로서 보시, 지계, 인욕, 정진, 선정, 지혜바라밀을 말한다. '육바라밀' 중 '선정바라밀'은 진리를 올바로 사유하는 바른 마음가짐으로, 이를 위해서는 마음을 가라앉히고 고요를 지향하는 실천이 요구되고 있다.

홍순갑의 '몸 사원' 연작시들은 자신의 몸과 마음을 한 곳에 집중하여 번뇌와 망상에 의한 산란함을 진정시키는 선정 바라밀 수행으로서의 명상을 고스란히 담고 있다. 「몸 사원 · 1 —오동꽃」에서 시적 화자가 이렇듯 고요로 자신의 몸을 축성시키지 않았다면 어떻게 몸 속으로 들어와 홀로 꽃을 피워낸 오동꽃이 하나씩 지면서 "떨어져 파르랗게 떨고 있는 저 가야금 소리를" 들을 수 있겠는가. 자신의 욕망이 내는 소리를 지우고 나서야 들을 수 있는 오동꽃 지는 소리는 가야금 소리로 전화된다. 이렇듯 사물이 내는 소리와 읊는 노래를 온몸으로 들을 수 있다면 시적 화자는 이미 열반으로 가는 과정에 입성한 것이다.

그러기에 「몸 사원 · 2 —승천」에서는 이미 "적막이 내려앉은 몸 사원"이 되어 있어서 "가야금 열두 줄 위를 걸어 오동나무 텅 빈 그늘 속으로 들어"가는 것이 가능해지고, "저것이 언제 달빛 쏟아지는 소리가 되어 하늘로 가나"라고 지상의 소리가 천상의 소리로 득음할 것임을 인지하는 것이다. 「몸 사원 · 3 —낡은 스웨터」에서도 "아무도 없는 것 같은 적막"이 「몸 사원 · 4 —봄비」에서 "적막한 몸 사원이 뚝 뚝 지고 있"는 것으로 연결되며, 「몸 사원 · 6 —빛나는 오동꽃」의 "해가 설핏할 무렵 오동나무 아래 서 있다가 오동꽃 지는 소리 혼자 들었다"는 적요한 독백이 형성되게끔 한다. 그의 시에 중복되어 나타나는 오동꽃은 조선 세조 때의 문신인 강희안의 『청천양화소록』을 보면, 번화함을 취하는 꽃으로 품격이 높다고 기술되어 있다. 시적 화자 역시 오동꽃을 자신이 닿고자 하는 열반의 경지로 상징화하여, 품격 높은 이상향적 세계를 추구하고 있는 것이다.

이러한 고요하고 맑은 세계는 세상을 경전으로 삼아 여행하고, 만행을 실행한 경험에 기반하고 있다.

2. 길 위의 경전 읽기

홍순갑 시인이 인도를 찾아가고, 앙코르왓트나 마하간다용 등 세계에 흩어져있는 사원들을 체험하면서 승려들의 삶에 주목하는 것, 또 몽골의 광활한 초원에서 밤을 지새우는 까닭은 모두 출가 후의 수행 과정으로 여겨진다. 여기에서의 출가란 세속의 집을 떠났다는 의미이면서 자신이 추구하는 오동꽃을 내면에 피워내기 위해 몸과 정신을 닦아내는 의식 행위로 보인다. 인간이 행복에 이르기 위한 길에는 두 가지가 있는데, 하나는 채움으로써 행복해지는 길이고, 다른 하나는 비움으로써 행복해지는 길이다. 전자가 속악한 자본적 생산의 기치 아래 형성된 행복관이라면, 후자는 모든 문명사가 헛된 욕망의 확대재생산을 가져옴으로써 인간을 타락하게 만든다는 우려 하에 무심과 무사(無邪)와 무자기(無自己)의 길이야말로 행복으로 가는 길이라고 자신을 끊임없이 비워내고 내리치는 고행 과정으로 성취되는 역설적 행복관이다. 그는 이러한 행복론을 자신의 삶과 시에서 발현하게 한다.

궁핍한 시간 너머 라싸에는 누군가 불 밝혀 놓은 환한 길이 있습니다

이 길은 산속마을 고샅까지 끝없이 이어지는데, 어떤 사람은 제 가슴에다 새 길을 내기도 합니다

그리고는 생의 물음을 깃발에 새겨 산꼭대기 바람길에 걸어놓습니다

시간이 주는 대답일까요, 바람 불 때마다 물음은 팽팽하게 당겨져 찢어질 듯 펄럭입니다 (중략)

오체투지, 이렇게 느린 걸음으로 수 백 수 천리 영혼의 길

을 더듬어 닦는 것은 다시 태어날 다음 생을 위한 것입니다

높고 외롭고 적막한 이 길은 하늘에 가장 가까운 사원이
자 경전입니다

아득히, 기다림 닮은 길 위의 경전이 별처럼 깜빡입니다.

—「길 위의 경전」 부분

인용하고 있는 시 「길 위의 경전」에서 홍순갑은 출가한 삶이 어떤 수행 과정을 거치는 지를 제시하고 있다. 이는 "궁핍한 시간 너머"를 바라보는 혜안으로부터 가능해지면서, 먼저 수행을 거쳐 간 "누군가 불 밝혀 놓은 환한 길"에 들어섬으로써 시작된다. 그리고 "이 길은 산속마을 고샅까지 끝없이 이어지는데, 어떤 사람은 제 가슴에다 새 길을 내기도" 하는 사실을 인지함으로 완성된다. 길 위에서 시작하여 길 위에서 구도하는 자세, 바로 시의 제목처럼 '길 위의 경전'을 읽는 셈이다.

그리고는 "생의 물음을 깃발에 새겨 산꼭대기 바람길에 걸어놓"고서, "시간이 주는 대답"인 듯 "바람 불 때마다 물음은 팽팽하게 당겨져 찢어질 듯 펄럭"이는 현상을 시인은 목도한다. 왜냐하면 속세를 떠나 출가한 시인은 모든 인간적인 질문과 도구를 버려야 하기 때문이다. 왜 살아야 하

는지, 왜 죽어야 하는지, 숱한 인간적인 고민으로 들끓는 질문들을 산꼭대기 바람길에 걸어두면 그만인 것이다. 그 질문들은 대답 대신 펄럭인다. 모든 질문과 모든 대답을 바람이 대신하는 것이다. 얼마나 평화로운 광경인가. 얼마나 가볍고 무심한 정경인가. 여기에 그의 시를 읽는 담박한 맛이 소소하게 풍긴다.

길의 여정은 계속된다. "오체투지, 이렇게 느린 걸음으로 수백 수천 리 영혼의 길을 더듬어 닦는 것은 다시 태어날 다음 생을 위한 것"이므로, 그는 "높고 외롭고 적막한 이 길은 하늘에 가장 가까운 사원이자 경전"이라고 단언하면서 시의 말미에서 "아득히, 기다림 닮은 길 위의 경전이 별처럼 깜빡"인다는 자아 초월을 이룩해 낸다. 게오르그 루카치는 "별이 빛나는 창공을 보고, 갈 수가 있고 또 가야만 하는 길의 지도를 읽을 수 있던 시대는 얼마나 행복했던가. 그리고 별빛이 그 길을 훤히 밝혀 주던 시대는 얼마나 행복했던가"라고 탄식한 바 있다. 루카치가 말하는 별빛은 영혼 속에서 타오르는 불꽃과 본질적으로 동일하며, 세계와 자아, 천공의 불빛과 내면의 불꽃은 서로에 대해 결코 낯설어지는 법이 없다. 그 까닭은 불이 모든 빛의 영혼이며, 또 모든 불은 빛 속에 감싸여져 있기 때문이다. 이렇게 해서 영혼의 모든 행위는 의미로 가득 차게 되고 원환적 성격을 띠게 된다. 다시 말해 영혼의 모든 행위는 하나같이

의미 속에서, 또 의미를 위해서 완결되는 것이다. 이러한 완결성을 통하여 홍순갑 시인은 갠지스강가에 이르러 자신의 '전생'을 찾아낸다. 별빛을 따라 내면의 불꽃에 닿은 것이다.

강물이 흐른다는 것은 시간이 흐른다는 것이다
지금 나는 강을 마주한 채
유유히 흐르는 시간을 내려다보면서
강의 시원을 찾아 아득히 먼 고장을 헤매고 있다
장작더미 위에서는 시신이 타고
벌거벗은 사두는 명상에 들어 있고
먼데서 온 순례자들은 죄로 물든 영혼을 씻어내고
아이들은 느린 시간 속으로 신나게 뛰어든다
시간은 그냥 흐르는 것이 아니다
지상의 모든 것들을 가슴에 품고 흐른다
천지창조의 순간부터
시간이 지향하는 곳은 언제나 아래쪽이다

—「갠지스강가에서」 전문

누군가 내가 전생에 인도인이었을 거라고 말했다

그래, 나는 무굴제국의 황제 샤 자한의 석공이었을 것이다 거듭 태어나 갠지스강을 흐르는 뱃사공이었을 것이다 그 전 카쥬라호 시바사원 벽에 미투나상을 새기는 조각가였을 것이다

인도에 가서 본 것은 갠지스강의 모래 한 알을 본 것에 불과하다

지금 수많은 인도인은 역 광장에 누워 기차를 기다리는 여행자처럼 가난하나 사유 속에서는 별처럼 불멸의 영혼이 깜빡이고 있다

맨발로 걸으며 손 내밀어 자비를 구걸하지만 그들은 편안하고 당당하다

누군가 내가 전생에 인도인이었을 거라고 말한다, 그러나 나는 불안하다

불멸의 길을 맨발로 걸을 준비를 아직 못했기 때문이다

—「전생」 전문

시 「갠지스강가에서」에서 시적 화자는 도도하게 흐르는 강물을 바라보며 "강물이 흐른다는 것은 시간이 흐른다는

것" 임을 깨닫는다. 그러기에 "강을 마주한 채/ 유유히 흐르는 시간을 내려다보면서/ 강의 시원을 찾아 아득히 먼 고장을 헤매고" 있다. 갠지스강에 이르러 "먼 데서 온 순례자들은 죄로 물든 영혼을 씻어내" 고 있음을 쳐다보면서, "지상의 모든 것들을 가슴에 품고 흐른" "천지창조의 순간부터/ 시간이 지향하는 곳은 언제나 아래쪽" 이었음을 상기하게 된다. 여기에서 '아래쪽' 이라고 함은 비움의 극단이면서 겸허한 자기 성찰의 시선을 함의하고 있다는 점에서 겸손의 미학을 자아낸다.

홍순갑 시인은 이러한 시간의 시원에 대한 각성 끝에 자신의 전생을 알아차린다. 예시하고 있는 시 「전생」에서 "누군가 내가 전생에 인도인이었을 거라고 말했" 던 것을 기억해 내면서 "나는 무굴제국의 황제 샤자한의 석공이었을 것" 이며, "거듭 태어나 갠지스강을 흐르는 뱃사공이었을 것" 이고, "그 전 카쥬라호 시바사원 벽에 미투나상을 새기는 조각가였을 것" 이라고 확언하기에 이른다. 왜냐하면, "인도에 가서 본 것은 갠지스강의 모래 한 알을 본 것에 불과" 하고 "수많은 인도인은 역 광장에 누워 기차를 기다리는 여행자처럼 가난하나 사유 속에서는 별처럼 불멸의 영혼이 깜빡이고 있" 음을 보았기에, 그리고 "맨발로 걸으며 손 내밀어 자비를 구걸하지만 그들은 편안하고 당당" 함을 느꼈기에, 자신도 그들처럼 이름 없는 구도자가 되어 자족

하며 살았었던 전생을 확신하는 까닭이다. 무욕과 허심의 정신 속에서 소요의 삶을 살았기를 바라는 시인은 이러한 전생을 탐색하면서 "그러나 나는 불안하다"고 고백한다. 이는 "불멸의 길을 맨발로 걸을 준비를 아직 못했기 때문"이며, 이로써 그가 견지해 가는 수행 과정은 치열하게 행보를 더한다.

미얀마 만달레이에는 이천 명 승려들이 공부하는 마하간다용 사원이 있습니다 '위대한 향기' 라는 뜻입니다

오전 10시 30분, 사원 기둥에 매달린 쇠막대를 나무망치로 댕댕 울리면 이곳저곳에서 맨발의 스님들이 고개 숙인 채 발우를 가슴에 끌어안고 모여 줄지어 식당으로 들어갑니다

늙은 스님도 있고 아주 어린 스님도 있습니다

따가운 햇볕이 내리꽂히는 시간, 불을 켜지 않아 어두침침한 안은 금세 스님들로 가득 차지만 새벽처럼 고요합니다

스님들의 공양은 아주 간결합니다

공양이 끝나면 그림자 따라 조용히 일어나 제각각 수도처로 돌아갑니다

내가 본 것은 이것입니다 줄서서 밥을 받아 말없이 먹고 돌아가는 것, 이런 탁발의 모습이 정갈한 한 줄 시처럼 느껴지기도 합니다

스님들의 탁발공양에는 향기가 배어있습니다
위대한 향기는 코로 맡는 것뿐만 아니라 몸으로도 느껴지는 것인가 봅니다
잔잔한 울림이 오래 머물렀습니다

―「마하간다용 사원」 전문

홍순갑 시인의 수행은 사원 순례를 통해서 더욱 강화된다. 미얀마 만달레이에 있는 '위대한 향기' 라는 뜻의 '마하간다용 사원' 에서의 여행일지는 참으로 순연하다. 그는 시 「마하간다용 사원」에서 이천 명의 승려들이 공부하는 모습과 공양하는 모습을 담아내고 있는데, 오전 10시 30분이면 사원 기둥에 매달린 쇠막대를 나무망치로 댕댕 울리는 소리에 이곳저곳에서 맨발의 스님들이 고개 숙인 채 발우를 가슴에 끌어안고 모여 줄지어 식당으로 들어가는 모습을 주의 깊게 관찰한다. 늙은 스님과 아주 어린 스님들이 어우러져서 따가운 햇볕을 받으며 불을 켜지 않아 어두침침한 식당으로 들어가는 경건함에서 탈속적인 시간을 경험하는 것이다.

그 공간은 "금세 스님들로 가득 차지만 새벽처럼 고요" 하며, 그곳에서의 "스님들의 공양은 아주 간결" 하여 "줄서서 밥을 받아 말없이 먹고 돌아가는 것, 이런 탁발의 모습이 정갈한 한 줄 시처럼 느껴지기도" 한다. 더구나 시적 화

자는 스님들의 탁발공양의 향기가 "위대한 향기"여서 "코로 맡는 것뿐만 아니라 몸으로도 느껴"져 "잔잔한 울림이 오래 머물렀"다고 진술하기에 이른다. 공양이 끝나면 사원의 그림자를 따라 "조용히 일어나 제각각 수도처로 돌아"가는 모습을 숨어 그려내는 시인의 정황과 스님들의 나지막한 음영은 한 편의 흑백 사진처럼 서로 조응된다. 눈물겨운 적막이 방점을 찍는 순간이다.

식욕은 불교에서 말하는 삼욕인 식욕, 수면욕, 음욕 중의 하나로, 인간이 생체를 유지하기 위한 방편으로서의 가장 기본적인 욕구이다. 맛있는 음식을 포만감이 느끼도록 먹어야 하는 존재가 사람이기에, 인간이라면 식욕이란 당연히 소유하고 있을 탐심일 것이다. 진귀하고 신선한 음식 재료를 구해 영양이 파괴 되지 않는 조리 과정을 거쳐 영험한 양념들로 자극적인 음식을 섭취하고 싶은 욕망을 저버리고, 오로지 수행 과정의 일부로서 경건하게 공양에 임하는 승려들의 모습은 좀 더 극적인 음식을 내처 갈망하는 현대인들의 자화상에 대비적으로 중첩된다. 이로써 그는 자신을 포함하여 어떠한 삶이 진정한 진리에 이르는 것인지를 묻고 있다.

이 외에도 시 「앙코르왓 회상」이나 「몽골에서의 하룻밤」, 「카쥬라호에서의 전생」, 「타지마할」, 「우루밀라」 등을 통해 드러나듯이, 그는 멈추지 않는 길 위에서의 경전 읽기를 정진해간다. 이는 시 「대화」의 '시작 메모' 에서 언급한 바, 몇 해 전 작고한 스승 야석(也石) 시인이 답사 길에 그에게 이른 말씀, "인생의 절반은 길에서 보냈다" 는 회억으로부터 기인한다. 스승은 갔던 곳을 수없이 반복해서 갔으며, 그는 스승의 가르침대로 길에서 그의 시간을 풍요롭게 익혀낸다. 외롭고 편안하게 동행인 없이(「울진에서 태백까지」) 쉬지 않고 행하는 여정들은 마침내 자신의 처소로 귀향하여 간단없이 시를 씀으로써 수행을 귀결시킨다. 드디어 시인으로서의 면모가 드러나는 순간이다.

3. 사유로 빚은 시

홍순갑 시인이 고요로 성찰하며 자신의 몸을 사원화하고, 세계 각지를 떠돌며 끊임없이 구도 정신을 연마해 온 것은 우주라는 범접 못할 이법에 주의를 기울인 까닭이다. 그는 일찍이 불교적 진리에 순응하며 더욱 진지하게 자신을 들여다보고, 지상에서 가장 겸허한 모습으로 근원적인 세계와 만나고자 한 것이다. 이는 우선 번잡하고 사나운 일상사로부터 자신을 방기하고 준열하게 정신성을 함양하여 모든 감각을 안으로 거두어들이다가 스님이 선정에 들듯 어느 날 세상과 소통하는 기재로서의 시를 찾아 낸 것을 의미한다. 시는 그에게 있어 사유의 정점이자 해탈에 이르고자 하는 열망과 같은 이름이다.

골목길 누군가 찍어놓은 발자국에 숱한 별들 잠겨있어

별들 들여다보다가 무엇인가 들여다보는 것은 생을 들여다보는 것과 같아

깊이 들여다보면 웅덩이나 저수지나 우물이나 깊이가 같아서 하늘만 한 슬픔도 별이 되고

깊이 들여다본다는 것은 목숨 또한 덧없어 호밀밭 위를 흐르는 그림자 같기도 하고

나무도 제 마음을 그토록 오랫동안 들여다본 후에야 조금씩 뿌리를 땅 속으로 뻗어 가는데

밤 깊어 아픈 시 한 줄 쓰려 생을 깊이깊이 들여다보면

제 마음 잃고 떠돌던 말들이 빈손으로 돌아와

뿌리도 없이 극빈의 울음을 새처럼 울다가 잠들기도 한다.

—「깊이 들여다보다가」 전문

시인에게 세상 사물들은 모두 상징체계로 다가온다. 이는 세상 전체를 움직이는 근원적인 진리를 시로 받아 적고자 하는 시인의 소임으로서, 부분 속에 전체가 들어 있고, 전체는 부분을 통하여 본질을 드러내는, 부분과 전체의 구조적 관계가 상징으로 드러나는 체계 안에서 우주 원리와 시가 닮았음을 상기하는 작업인 셈이다. 시 「깊이 들여다보다가」에서 시적 화자는 "골목길 누군가 찍어놓은 발자국에 숱한 별들"을 보고 있다. 이것은 "생을 들여다보는 것"과 같은 행위임을 알게 되면서, "깊이 들여다보면 웅덩이나 저수지나 우물이나 깊이가 같아서 하늘만 한 슬픔도 별"이 될 뿐 아니라 "목숨 또한 덧없어 호밀밭 위를 흐르는 그림자" 같기도 하여 "나무도 제 마음을 그토록 오랫동안 들여다본 후에야 조금씩 뿌리를 땅 속으로 뻗어" 가는 것을 느끼게 된다. 그리하여 이러한 사유의 끝에서 "밤 깊어 아픈 시 한 줄 쓰려 생을 깊이깊이 들여다"보면 "제 마음 잃고 떠돌던 말들이 빈손"으로 돌아와 "뿌리도 없이 극빈의 울음을 새처럼 울다가 잠들기도 한다"라고 노래함에 이른다.

이 시에서 상징 배경을 이루는 가시사물(可視事物)들은 '골목길', '발자국', '별', '웅덩이', '저수지', '우물',

'호밀밭', '나무', '뿌리', '새' 등이고 상징 본질을 이루는 비가시사물(非可視事物)들은 '슬픔', '목숨', '마음', '생', '말', '빈손', '울음' 등이다. 가시 사물들은 다시금 지상과 천상 구조로 양분되는데, 지상 상징들은 '골목길', '발자국', '웅덩이', '저수지', '우물', '호밀밭', '뿌리' 등이고, 천상 상징들은 '별', '새' 등이다. 휠 라이트는 『은유와 실재』에서 '웅덩이', '저수지', '우물' 등의 지하 공간 상징을 종교적으로는 지옥이나 심연의 이미지로 규정하고, 지상 공간 상징인 '별', '새' 등은 성취의 희망이나 선을 의미한다고 말한다. 특히 빛의 유형으로서의 '별'은 어둠을 추방하여 사물을 명료하게 인지케 하는 특성을 지녀 은유적 단계에서 지적 공간화를 상징한다고 설명한다. 이는 神聖의 단계에서 神性의 상징이 된다. 이에 반하여 '웅덩이', '저수지', '우물' 등이 상징하는 지옥으로부터 '웅덩이', '저수지', '우물' 등의 내부를 이루는 물의 원형성은 형태를 해체하고 폐기하며 죄를 씻어버리고서 새로운 삶을 부여하게 하고, 물을 깊이 들여다보는 행위는 형태 이전으로 되돌아감, 완전한 재생, 새로운 탄생으로 역행하는 것을 상징한다.

그렇다면 위의 시에서 천상과 지상의 경계에 있는 '나무'는 '시인'과 동일 상징을 가지고 있다. 나무는 지상에 뿌리를 드리우고 있지만 수많은 나뭇잎들을 새처럼 펄럭이면서 하늘을 향하고 있는 '지상—천상 매개 사물' 이다. 또한 나무는 지상의 물을 끌어올려 천상의 별빛을 켜는 '인성—신성 중개 사물' 이다. 여기에 시인의 위치가 놓여진다. 지상의 소멸과 허무를 슬프게 노래하면서 별을 통해 신성을 꿈꾸는 내적 희망이 상징으로 드러나는 지점, 즉 시인은 "뿌리도 없이 극빈의 울음을" 언어로 써서 시로 증거하는 나무의 존재인 것이다.

생의 아픔 견디지 못하고 매서운 추위는 갑작스럽게 오기도 한다

그림자가 길어 머리를 가슴에 묻고 상처를 어루만지는 갈가마귀 울음이여!

강바람 숨죽여 우는 울음이어서 간절한 빛의 여운, 속살까지 붉은 강물

얼마나 큰 슬픔이기 만월이 들어 출렁이는가

생은 빈집 한 채 들여놓고 살다가 흔적 없이 허무는 것

고요의 빈집에 들어앉아 창 열고 엄동의 울음을 기다리는

동안 모든 것이 내 곁을 스쳐갔다

그것을 아는 데 한 생애가 걸렸다

내 그림자도 길어졌으니 덧난 상처를 어루만져야 할 때가 되었다

생의 아픔이 마르기까지 또 한 생애가 걸릴지도 모른다

그때가 언제인가, 속절없는 일이다

—「그때」 전문

한풍에 젊은 나이를 서둘러 떠나보내고, 떠났으나 떠나지 못한 이승의 꿈 오래오래 머물러
가슴의 불꽃은 재가 되고 뼈는 바위가 되었으니 더러 솔개가 내려앉기도 하려니와
정수리에 흰 눈 소복 쌓여 청춘에 백발이 되었구나
생은 본래 남루한 것이어서 부귀도 남루요 빈천도 남루요 취생몽사醉生夢死라도 남루이니,
남루라도 철 일러 가지에 잎은 오지 않고 잎이 오지 않으니 꽃 또한 오지 않고
벌과 나비와 그 밖의 다른 미물들도 오지 않고,

아무도 오지 않으니 달빛 넘치는 술잔이 깊이 외로웠으리라

마음의 신고를 세상 떠돌며 익힌 자조로 남몰래 물레 감아 이글대는 심장을 기어이 쥐어짜고야 마는 독한 날들이

벌써 삼월이어서 묻는다

귀신이 조화를 부려 한낮이 깜깜해지고 흙비를 퍼붓고 번개 치고 우박까지 쏟아 붓는다면

붉은 비단주머니에 시 한 수는 더하여질 것인데

가슴에 품은 절창을 언제 풀어놓을 것인가, 시인이여!

길은 외지고 이승엔 한이 많으니,

—「三月, 이하李賀에게 묻다」 부분

인생은 사막이야 사막에는 보이지 않는 길이 있어, 코끼리가 태어나고 늑대가 태어나고 늙은 할머니가 태어나고

혼자 태어나 깜깜하게 울음 우는 몽유의 길은 별들에게 곧추 이어져 흔들리는 생을 부축해주지

사막을 건너야 해, 밤이 어두운 것은 울음의 고요를 위해서야

누구든 가슴에 맺힌 것이 있을 때 별들이 그러하듯 어두

운 길의 적막에 깃들어

쓰디 쓴 세상을 견디며 고요해지도록

누가 외로운 길 헤집어 먼 강물 흘러가는 시퍼런 울음을 심어놓았나

—「누가 울음을 심어놓았나」 부분

시인은 자신이 체득한 우주의 비밀을 시로 풀어내기 시작하는데, 시 「그때」에서 "생의 아픔"부터 전언한다. "견디지 못하고" "갑작스럽게 오"는 "매서운 추위"부터 이야기한다. '사성제'에서 언급되었듯이 생명들은 고통의 숙지로부터 자신의 본질을 알아채기 때문이다. 그리하여 "그림자가 길어 머리를 가슴에 묻고 상처를 어루만지는 갈가마귀 울음"과 "강바람 숨죽여 우는 울음이어서 간절한" "붉은 강물"이라든가 "얼마나 큰 슬픔이기"에 "출렁이는" "만월"이라든지, 모든 생명들은 울음을 우는 슬픈 존재들임을 깨닫게 된다. 왜냐하면 "생은 빈집 한 채 들여놓고 살다가 흔적 없이 허무는 것"인 연유이다. 모두 살아냈지만 죽어야하는 존재들이기 때문이다.

그리하여 시적 화자는 "고요의 빈집에 들어앉아 창 열고 엄동의 울음을 기다리는 동안 모든 것이 내 곁을 스쳐갔"

음을, "그것을 아는 데 한 생애가 걸렸"음을 인식하게 된다. 세월의 흐름을 "내 그림자도 길어졌으니 덧난 상처를 어루만져야 할 때가 되었다"고 표현하면서 "생의 아픔이 마르기까지 또 한 생애가 걸릴지도 모른다"고, "그때가 언제인가, 속절없는 일이다"라고 자탄하기에 이른다. 얼마나 핍진한 사유인가. 속절없다고 말할 수 있는 자유, 비움의 극단에서 존재가 내장하고 있는 우주적 비밀을 알아낸 자만이 외칠 수 있는 표상인 것이다.

이는 시 「三月, 이하李賀에게 묻다」에서 "떠났으나 떠나지 못한 이승의 꿈 오래오래" 머물러서 "가슴의 불꽃은 재가 되고 뼈는 바위가 되었으니" "정수리에 흰 눈 소복 쌓여 청춘에 백발이 되었"을 뿐인 자신을 시인 이하를 불러 들여서 동격화 한다. 시를 기다리고 시를 쓰는 생애가 "마음의 신고를 세상 떠돌며 익힌 자조로 남몰래 물레 감아 이글대는 심장을 기어이 쥐어짜고야 마는 독한 날들"이었음을 토로하면서 "귀신이 조화를 부려 한낮이 깜깜해지고 흙비를 퍼붓고 번개 치고 우박까지 쏟아 붓는다면/ 붉은 비단 주머니에 시 한 수는 더하여질 것"이니 "가슴에 품은 절창을 언제 풀어놓을 것인가, 시인이여!"라고 봄의 초입인 三月을 원망하는 것이다. 시인에게 있어서 시는 결핍에서 도래함을 읊은 이 시는 생명의 빛이 켜지는 시간이 아니라 사위는 순간에 절창이 탄생한다는 역설을 보여준다.

홍순갑 시인에게 있어서 '詩作'은 "사막을 건너야" 하는 작업이다. "가슴에 맺힌 것이 있을 때 별들이 그러하듯 어두운 길의 적막에 깃들어"서 "쓰디 쓴 세상을 견디며 고요해지도록" "외로운 길 헤집어 먼 강물 흘러가는 시퍼런 울음 심어놓은 것"을 시로 옮기는 행위가 詩作임을 시 「누가 울음을 심어놓았나」에서 피력하고 있다. 한유(韓愈)는 「송맹동야서(送孟東野序)」에서 지극한 문장의 전제요건을 '大凡物不得其平則鳴'으로 요약한다. 문장의 '울림(鳴)'이라는 신비한 현상이 '不平"—평형을 잃은 상태로부터 비롯된다고 보는 것으로, "무릇 物이란 그 평형을 얻지 못하면 '우는' 법"이며, 이 울음소리를 시로 옮기는 자가 시인이 되는 것이다. 홍순갑 시인은 사물이 내는 울음소리를 제대로 듣고, 이를 세심하게 시로 적는 자이다.

휘영청 방안이 달 속이다 텅 빈 속이어서 슬픔도 달처럼 환하다

익어 젖은 달빛은 춤추며 밀물썰물로 밀려왔다 밀려갔다

메밀꽃 피는 자작나무 숲길을 자작자작 걸었다 고요의 바다는 깊어 적막했다

하늘에는 마디마디 물음이자 대답인 눈물이 그렁그렁 허공에 가득했다

몸 저리게 그리운 계절의 물음은 항상 붉었으나 대답은 마른 갈대였다

철없는 생각이 생을 겉돌 때 몸은 자꾸 물음 쪽으로 기울어 뒤척였다

기울어진 몸이 갸웃갸웃 품안에 스며 날 세운 채 촌철의 때를 벼리고 있다

가슴에 안겨 두근거리는 오! 달빛은장도

—「달빛은장도」 전문

시「달빛 은장도」는 8행 8연으로 이루어진 시이다. 각 행이 각 연이 되었기 때문이다. 한 행마다 드리운 침묵의 공간들은 표면에 떠오른 한 연들을 고요하게 다듬는다. 시인이 내뿜는 한 행이 한 연이 될 때마다 깊은 사유와 깊은 감흥과 깊은 시간이 거기에 와 고인다. 시에서 보여지듯, 서정적 화자가 있는 공간은 '방안'인데 어찌나 달빛이 그득한지 "휘영청 방안이 달 속"이란다. 그것도 "텅 빈 속이

어서 슬픔도 달처럼 환하"단다. 스스로 내면을 비추는 "익어 젖은 달빛은 춤추며 밀물썰물로 밀려왔다 밀려갔다"하고 "고요의 바다는 깊어 적막했"단다. 여기에 어떠한 수식이 더 필요하겠는가. 시적 배경만으로도 이처럼 훌륭한 묘사가 가능한데 어떤 첨사가 더 있어야 하겠는가. 하기에 "하늘에는 마디마디 물음이자 대답인 눈물이 그렁그렁 허공에 가득했"을 뿐이다.

그가 절절하게 방랑하며 돌아온 후 기록한 것은 "몸 저리게 그리운 계절의 물음은 항상 붉었으나 대답은 마른 갈대였다"는 것. 우주를 과연 자신의 몸에 영접했을까 기우하는 "철없는 생각이 생을 겉돌 때 몸은 자꾸 물음 쪽으로 기울어 뒤척였다"는 것이다. 시인이란 모름지기 "기울어진 몸"을 "품안에 스며 날 세운 채 촌철의 때를 벼리고" 있어야 하는 존재로, 방안 가득 퍼붓는 저 진리의 말씀인 "가슴에 안겨 두근거리는" "달빛 은장도"를 벼려 언어로 현현시켜야 하는 신의 대리인인 것이다. 이때 '달빛'이 '은장도'로 결합하는 극적 효과는 놀라운 시어의 사원을 이룬다. '달빛'처럼 부드러운 진리가 '은장도'처럼 날 세워 서슬 푸른 詩로 환치되기 때문이다. 시란 모름지기 이렇듯 외유내강의 이미지로 빛날 때 더욱 깊고 찬연해진다.

지금까지 살펴보았듯이, 홍순갑 시인은 시집 『깊이 들여다보다가』를 통해 깊이 들여다보는 일의 필연성과 중요성을 노래하고 있다. '깊이 바라보는 일'과 '깊이 들여다보는 일'은 차원이 상이한 작업으로서, '깊이 바라보는 일'은 관찰이 목적이라면, '깊이 들여다보는 일'은 성찰이 목적이다. 또한 그의 시적 특성을 이야기하자면, 그는 불교적인 사유 구도를 시의 원근법으로 차용해 오면서도 아주 신선한 이미지를 역동적인 시적 에너지로 자연스럽게 환원해낸다. 그가 채집한 고요하고 내밀한 시적 풍경이 독자의 심적 앵글에 잡히는 순간, 잔잔한 사유가 시작되고, 이는 두고두고 시간의 포집망을 거치면서 점차 확대되어 종내는 단단한 주제로의 인지로 이끌어내게 한다. 이것은 바로 삼라만상과 교통하는 명상, 순례를 통한 만행, 그리고 검박한 언어로 기록되는 홍순갑의 시가 어떤 파장으로 와 닿는지를 증명하는 일이기도 하다. 자연의 원리와 우주의 순리에 순응하며, 일체의 수사를 버리고서 정결하고 단순하게 다듬어진 그의 시들은 그만의 미적 심상을 생산해낸다. 여기에 홍순갑 시집의 고요한 아름다움이 놓인다.